DÉPARTEMENT DE LA SEINE-INFÉRIEURE

RÉGLEMENT

POUR LE

Service des Cantonniers

DES CHEMINS VICINAUX

ROUEN

IMPRIMERIE E. CAGNIARD (Léon GY, Succr)

Rues Jeanne-Darc, 88, et des Basnage, 5

—

1895

DÉPARTEMENT DE LA SEINE-INFÉRIEURE

REGLEMENT

POUR LE

Service des Cantonniers

DES CHEMINS VICINAUX

ROUEN

IMPRIMERIE E. CAGNIARD (Léon GY, Succʳ)

Rues Jeanne-Darc, 88, et des Basnage, 5

1895

DÉPARTEMENT DE LA SEINE-INFÉRIEURE

RÈGLEMENT

POUR LE SERVICE DES CANTONNIERS

DES CHEMINS VICINAUX

Le Préfet de la Seine-Inférieure, Commandeur de la Légion d'honneur, Officier de l'Instruction publique ;

Vu :

La loi du 21 mai 1836 sur les chemins vicinaux ;
La loi municipale du 5 avril 1884 ;
L'article 176 de l'Instruction générale du 6 décembre 1870, prescrivant l'établissement d'un règlement pour le service des cantonniers ;
Sur les propositions de l'Agent-voyer en chef ;

Arrête :

Article 1er.

Définition du service des cantonniers.

Les cantonniers sont chargés des travaux de main-d'œuvre relatifs à l'entretien journalier des chemins vicinaux.

Ils doivent obéissance, pour tout ce qui a rapport à leur service, aux Agents-voyers de tous grades.

Article 2.

Nomination, révocation et suspension des cantonniers.

Les cantonniers des chemins de grande communication sont nommés par le Préfet, sur la proposition de l'Agent-voyer en chef (art. 174 de l'Instruction générale).

Ils sont révoqués par le Préfet sur la proposition ou l'avis de l'Agent-voyer en chef (art. 175 de l'Instruction générale).

Il sera établi des cantonniers communaux sur les chemins vicinaux ordinaires, toutes les fois que les ressources inscrites au budget le permettront (art. 174 de l'Instruction générale).

Ces cantonniers seront nommés par les Maires, sur la proposition de l'Agent-voyer cantonal (art. 174 de l'Instruction générale).

Ils seront révoqués par le Maire, sur la proposition de l'Agent-voyer cantonal (art. 175 de l'Instruction générale).

L'Agent-voyer en chef pourra suspendre les cantonniers dont le service sera reconnu insuffisant, ou qui auront manqué à la discipline ou à la probité (art. 175 de l'Instruction générale).

Il en avisera immédiatement le Préfet (art. 175 de l'Instruction générale ; art. 9 de la loi du 21 mai 1836).

Article 3.

Conditions d'admission.

Le candidat à un emploi de cantonnier doit adresser à l'Administration :

1° Une demande sur papier timbré, entièrement écrite et signée de sa main ;

2° Un extrait de naissance ou toute autre pièce établissant qu'il est âgé de plus de 21 ans et de moins de 40 ans. En cas de nécessité, cette limite d'âge pourra être portée à 50 ans pour les cantonniers communaux seulement ;

3° Un certificat délivré par un médecin assermenté, constatant qu'il n'est atteint d'aucune maladie ou infirmité qui puisse s'opposer à un travail journalier et assidu ;

4° Un extrait de son casier judiciaire ;

5° Un certificat de moralité délivré par le Maire de sa commune ;

6° Un certificat constatant qu'il a travaillé dans les ateliers de construction et de réparation des routes ou qu'il est habitué aux travaux de terrassement.

Le candidat pourvu d'un emploi n'est nommé à titre définitif qu'après un stage de trois mois de travail en qualité de cantonnier provisoire et s'il a prouvé, pendant la durée de cette épreuve, qu'il a toutes les aptitudes requises pour entretenir convenablement un canton.

Article 4.

Cantonniers-chefs.

Les cantonniers des chemins de grande communication sont réunis au nombre de sept au moins, pour former des *brigades* ; l'un des cantonniers de la brigade, désigné à cet effet par le Préfet, sur la proposition de l'Agent-voyer en chef, est *cantonnier-chef* ; il doit savoir bien lire, écrire lisiblement et connaitre les principes du calcul décimal, de manière à pouvoir faire un métré élémentaire ; il est en outre choisi parmi les cantonniers qui se sont distingués par leur zèle, leur bonne conduite et leur intelligence.

Les cantonniers-chefs ont à entretenir une station plus courte que celle des autres cantonniers, afin qu'ils puissent accomplir les devoirs spéciaux que comportent leurs fonctions.

Ils accompagnent les Agents-voyers dans leurs tournées, prennent connaissance des ordres qui sont donnés par ces agents aux cantonniers de leur brigade et veillent à ce que ces ordres reçoivent leur exécution.

Ils doivent exercer une surveillance active et efficace sur les cantonniers des chemins de grande communication et sur les cantonniers communaux placés sous leurs ordres ; ils sont personnellement responsables des négligences et des fautes qui seraient reconnues dans leur brigade et qu'ils n'auraient pas réprimées ou signalées en temps convenable.

Ils parcourent en conséquence toute l'étendue de leur brigade au moins une fois par semaine, suivant des itinéraires différents, à des jours et heures variables, fixés par l'Agent-voyer, pour s'assurer de l'exactitude des cantonniers ; ils guident ces derniers dans leur travail, les rectifient quand cela est nécessaire en travaillant avec eux.

Ils transcrivent sur les livrets des cantonniers les ordres de service des Agents-voyers ; ils signent, à chaque tournée, les livrets et les feuilles de travail, après les avoir vérifiés.

A la fin de chaque tournée, ils rendent immédiatement compte à l'Agent-voyer de la marche du service, notamment au moyen de la feuille de tournée.

Ils indiquent à l'Agent-voyer, chaque semaine, les changements survenus dans l'état civil des cantonniers ; ils fournissent enfin tous les renseignements qui leur sont demandés par les agents sous les ordres desquels ils sont placés.

Ils signalent à l'Agent-voyer cantonal les délits et contraventions commis par les particuliers dans l'étendue de leur brigade.

Les cantonniers-chefs peuvent être momentanément employés à surveiller l'exécution de travaux et à diriger des ateliers ambulants.

Article 5.

Signes distinctifs des cantonniers.

Les cantonniers portent à leur coiffure un ruban avec le mot *cantonnier* ou *cantonnier-chef*.

Les cantonniers-chefs portent en outre au bras gauche un brassard conforme au modèle arrêté par l'Administration.

Il est remis à chacun d'eux un guidon formé d'une tige ou jalon divisé en décimètres, garni par le haut d'une plaque indiquant le numéro du chemin pour les cantonniers des chemins de grande communication et le nom de la commune pour les cantonniers communaux.

Ce guidon doit être toujours planté sur le chemin à moins de cent mètres de distance de l'endroit où travaille le cantonnier, ou de l'endroit où il prend son repas.

Article 6.

Du travail des cantonniers.

Le travail des cantonniers consiste à maintenir ou à rétablir les chemins dont l'entretien leur est confié, chaque jour et autant que possible à chaque instant, de manière à ce qu'ils soient secs, nets, unis, sans danger en temps de neige ou de glace, fermes et d'aspect satisfaisant.

A cet effet, ils devront, suivant les ordres et les instructions qui leur seront donnés au besoin :

Écoulement des eaux. — 1° Assurer l'écoulement des eaux au moyen du curage des cassis, gargouilles, arceaux, et de petites saignées fait à propos partout où elles seront nécessaires, en évitant que ces saignées atteignent le corps de la chaussée ;

Terrassements. — 2° Faire en saison convenable les terrassements nécessaires pour ouvrir ou entretenir les fossés ; décaper les accotements, pour qu'ils ne puissent former obstacle à l'assèchement des chaussées ; faire tous travaux nécessaires pour maintenir et rétablir le profil en travers du chemin conforme au profil type de la construction ; employer le plus possible les terres provenant de ces travaux à recharger les accotements qui auraient perdu leur forme ou qui auraient une pente transversale de plus de sept centimètres par mètre ; à construire des banquettes aux points où elles sont nécessaires ; à recharger celles existant déjà et qui se seraient affaissées ; à rétablir la pente régulière des talus ; en un mot, faire de ces terres tous emplois utiles et éviter ou réduire au minimum les frais d'enlèvement ; jeter les terres en excédent sur les terrains voisins s'il n'y a pas d'opposition ou les emmétrer, s'il y a lieu, pour faciliter leur mesurage et leur enlèvement.

Ebouage. — 3° Enlever, dans le plus court délai possible, au rabot ou au balai et à partir de l'axe, les boues liquides ou molles qui recouvrent la chaussée, quand même il n'y aurait ni flaches ni ornières ; au fur et à mesure du travail, relever ces boues sur l'accotement en tas réguliers ; dès qu'elles auront acquis une consistance convenable, régaler ces boues sur les accotements qui auront perdu leur forme et qui auront une pente transversale de plus de sept centimètres par mètre ; sur les banquettes, de manière à leur donner une forme régulière ; sur les talus en remblai, pour achever leur règlement ; en un mot, faire de ces boues tous emplois utiles et éviter ou réduire au minimum les frais d'enlèvement ; jeter les boues en excédent sur les terrains voisins s'il n'y a pas d'opposition ou les emmétrer, s'il y a lieu.

Redoubler de soins pour l'exécution de ce qui est prescrit dans ce paragraphe, pendant les périodes pluvieuses pour éviter la formation d'ornières ou de frayés, et aux approches de l'hiver, afin d'éviter les bourrelets de terre gelée ;

Epoudrage. — 4° Dans les temps secs, enlever la poussière en procédant comme pour l'ébouage, la rejeter sur les talus de remblai, sur les terres riveraines, s'il n'y a pas d'opposition ; disposer l'excédent en tas réguliers sur les accotements ;

Déblaiement des neiges. — 5° Déblayer les neiges sur la largeur qui aura été indiquée, en commençant par les parties les plus fréquentées et notamment aux endroits où elles s'accumulent et gênent la circulation, puis, ouvrir sur les accotements les bourrelets formés par ces neiges, de façon à dégager les saignées et à faciliter l'écoulement des eaux lors du dégel ;

Mesures à prendre en temps de gelée. — 6° Casser les glaces de la chaussée, sans dégrader l'empierrement, et les déposer sur les accotements ; répandre du sable et des gravats, à défaut de la terre, notamment dans les côtes et les tournants brusques ; casser également les glaces des fossés et les enlever pour les déposer sur les accotements, dans les endroits où elles s'accumulent de manière à faire craindre une inondation du chemin lors du dégel ;

Mesures à prendre au moment du dégel. — 7° Au moment du dégel, favoriser avant tout l'écoulement des eaux ; faire au besoin des saignées supplémentaires ; enlever les fragments de glace, les boues et les immondices, afin que la fonte ait lieu le plus rapidement possible et que les effets du dégel nuisent le moins possible au chemin ;

Mesures à prendre en temps de sécheresse. — 8° En temps de sécheresse, arroser le chemin si l'eau est à portée ; répandre à la surface de la marne ou, à défaut, de la terre argileuse, afin d'empêcher ou tout au moins d'atténuer la désagrégation de la chaussée ;

Ramassage des pierres roulantes, etc. — 9° Rassembler en tas distincts et d'une forme particulière, toutes les pierres errantes, mobiles ou saillantes, arracher les pierres apparentes d'un trop fort volume, les casser pour être réemployées ; s'il n'y a pas d'opposition, ramasser et rassembler également pour les casser et les faire servir à l'entretien, les pierres à proximité du chemin dans les terrains voisins ; débarrasser la chaussée de tout ce qui peut être un obstacle à la circulation ;

Cassage des matériaux. — 10° Casser les matériaux destinés à l'entretien, quand ce cassage ne devra pas être fait par l'entrepreneur de la fourniture ;

Arrachage des mauvaises herbes. — 11° Couper ou arracher les chardons ou autres mauvaises herbes avant leur floraison ;

Entretien des ouvrages d'art. — 12° Nettoyer et débarrasser des terres, plantes et corps étrangers, les plinthes, cordons et parapets des ponts, ponceaux et autres ouvrages d'art ;

Conservation des bornes, poteaux, etc. — 13° Veiller à la conservation des bornes, des plaques et des poteaux indicateurs ;

Entretien des plantations. — 14° Cultiver et soigner les plantations qui appartiennent au département ou aux communes et veiller à leur conservation.

En résumé, faire partout et en tout temps ce qu'exige un parfait entretien, en se conformant aux instructions qui seront données par les Agents-voyers ou les cantonniers-chefs et en suppléant au besoin à ces instructions par une initiative intelligente dans les circonstances fortuites.

Emploi des matériaux. — Les cantonniers se conformeront, pour l'emploi des matériaux, aux dispositions suivantes :

Ces matériaux seront mis en œuvre au fur et à mesure du besoin, en choisissant toujours pour leur emploi les temps humides.

Pour procéder régulièrement, on aura soin de marquer en temps de pluie les flaches et les traces de voitures qui altéreraient sensiblement la forme de la chaussée.

Ces parties dégradées seront nettoyées de façon à ne conserver aucune trace de boue et piquées particulièrement sur les bords, mais seulement jusqu'à la profondeur nécessaire pour assurer la liaison des matériaux.

Les matériaux provenant du piquage seront purgés de terre et cassés s'il est nécessaire, avant d'être réemployés.

On opérera le remplissage des flaches, tant avec ces débris qu'avec la quantité nécessaire de matériaux neufs reçus par l'Agent-voyer. Ces matériaux, de la dimension de sept centimètres au maximum, seront répandus sur le pourtour de la flache, puis repris avec le râteau, afin de ramasser les plus gros vers le centre en laissant les plus petits vers les bords. Ils seront battus avec soin, de manière à faire corps avec les couches inférieures et à ne pouvoir être déplacés par les chevaux ; ils seront arrasés suivant la forme de la chaussée.

Les cantonniers doivent, lorsque le moment des emplois est arrivé, commencer par combler les flaches les plus importantes sur toute l'étendue de leur station et, quand ces emplois sont bien incorporés à la chaussée, recommencer le même travail sur les flaches voisines et ainsi de suite, de façon à ce que la fraction de l'approvisionnement utilisée chaque mois soit répandue uniformément d'une extrémité à l'autre de la partie du chemin dont ils sont chargés.

Les cantonniers doivent s'attacher en outre :

A maintenir ou à rétablir le bombement de la chaussée, en plaçant principalement les emplois vers le milieu du chemin ;

A faire disparaître les frayés et à empêcher qu'il ne s'en forme, en disposant les emplois de telle façon qu'ils soient alternés par rapport à l'axe du chemin et que les voitures ne puissent trouver une piste leur permettant de les éviter ; d'autre part en entretenant ces emplois avec un soin tout particulier, jusqu'à ce que l'agrégation des matériaux soit complète ;

A hâter, par tous les moyens possibles, la reprise des matériaux ; l'arrosage, lorsqu'il est possible, est recommandé dans ce but, ainsi que le répandage de marne ou de détritus à la surface de l'emploi, lorsque la sécheresse est à craindre.

Il est particulièrement interdit d'établir aucun obstacle à la circulation sur une partie du chemin, pour contraindre les voitures à passer sur les emplois nouvellement faits. Ce résultat doit être obtenu par un bon système d'entretien et d'emploi des matériaux.

Surveillance de la prestation. — Les cantonniers doivent, en se conformant aux instructions qui leur auront été données, fournir aux prestataires toutes indications utiles pour l'accomplissement de leur tâche; tenir des notes exactes des quantités de matériaux approvisionnés ou des travaux faits et des noms des prestataires qui ont fourni ces matériaux ou exécuté ces travaux.

Article 7.

Feuille de travail et feuilles d'attachement.

Chaque cantonnier tient une feuille mensuelle de travail (tableau D de son livret) dans laquelle il rend compte, jour par jour, de la quantité de travail qu'il a exécutée.

Il tient également attachement sur les feuilles qui lui sont remises à cet effet, du temps d'emploi et des travaux exécutés par les auxiliaires placés sous sa direction.

Les Agents-voyers et cantonniers-chefs vérifient, dans leurs tournées, l'exactitude des indications fournies par le cantonnier.

Article 8.

Tâches à remplir.

Pour exciter et soutenir l'activité des cantonniers, les Agents-voyers et les cantonniers-chefs leur assignent des tâches à remplir dans un temps donné toutes les fois que les circonstances locales le permettent.

L'indication sommaire de ces tâches est inscrite sur la partie du livret réservée aux ordres de service.

Les travaux ainsi prescrits seront un des principaux objets de la surveillance, tant des Agents-voyers que des cantonniers-chefs qui, lors de leurs tournées, devront se rendre compte de la quantité de travail fait par chaque cantonnier auquel une tâche aura été assignée et inscrire les résultats de ce métré sur la feuille de travail.

Article 9.

Fixation des heures de travail.

Les cantonniers doivent être à leur travail tous les jours sans exception, excepté les dimanches et jours fériés.

Les jours fériés sont ceux de l'Ascension, de l'Assomption, de la

Toussaint, de Noël, les lundis de Pâques et de la Pentecôte, les jours de fêtes nationales reconnus par le gouvernement et le 1ᵉʳ janvier.

Les heures d'arrivée sur le canton de départ et de repos, variables suivant les saisons, sont fixées par l'Agent-voyer en chef (1).

Les cantonniers doivent prendre leurs repas sur le chemin, aux heures prescrites. Exceptionnellement, ils pourront être autorisés à prendre le repas du milieu de la journée dans les maisons avoisinant leur canton, mais à condition que le temps nécessaire à l'aller et au retour sera pris sur celui de ce repas ; cette tolérance cessera immédiatement, du jour où elle deviendrait une cause de perte de temps.

Lorsque les cantonniers seront exceptionnellement attachés à une surveillance ou à un atelier, ils se conformeront aux heures de travail et de repos de ces ateliers.

Article 10.

Déplacement des cantonniers.

Les cantonniers peuvent être déplacés, soit isolément, soit en brigades, lorsque les besoins du service l'exigent impérieusement, pour être dirigés sur les points qui leur sont indiqués.

Ces déplacements ne doivent jamais avoir lieu que sur l'ordre de l'Agent-voyer d'arrondissement.

Le livret reçoit l'indication du commencement et de la fin de chaque déplacement et précise le travail auquel le cantonnier a été occupé.

Article 11.

Présence obligée des cantonniers en temps de pluie, de neige, etc.

Les pluies, les neiges et autres intempéries ne peuvent être un prétexte d'absence pour les cantonniers ; ils doivent, au contraire, dans

---

(1) Voir ci-après le tableau de la journée de travail des cantonniers.

ces cas, redoubler de zèle et d'activité pour prévenir les dégradations et assurer une viabilité constante dans toute l'étendue de leur station ; ils sont autorisés néanmoins à se faire des abris fixes ou portatifs qui n'embarrassent ni la voie publique ni les propriétés riveraines, et qui soient en vue du chemin à moins de dix mètres de distance.

Article 12.

Assistance gratuite aux voyageurs.

Les cantonniers doivent prêter gratuitement aide et assistance aux voituriers et voyageurs, mais seulement dans les cas d'accidents. En dehors de ces cas d'accidents, il leur est interdit d'interrompre leur travail pour quelque cause que ce soit, et notamment d'engager des conversations avec les passants, auxquels ils doivent se borner à fournir, aussi brièvement que possible, les renseignements qui leur sont demandés.

Article 13.

Surveillance en matière de contraventions.

Pour prévenir autant que possible les délits de voirie, les cantonniers doivent avertir les riverains des chemins qui, par des dispositions quelconques, se mettraient en contravention. Ils observent, en conséquence, les réparations, constructions, dépôts, anticipations et plantations qui auraient lieu sans autorisation sur la voie publique, dans l'étendue de leur station. Ils doivent signaler ces contraventions aux agents de l'Administration, lors des tournées de ces agents, ou même les leur faire connaître immédiatement, soit par correspondance, soit par l'intermédiaire des cantonniers-chefs.

Article 14.

Outils dont les cantonniers doivent être pourvus à leurs frais.

Chaque cantonnier est pourvu à ses frais :
1° D'une brouette ;
2° D'une pelle en fer ;
3° D'une pelle en bois ;
4° D'un rabot de fer ;
5° D'un rabot de bois ;
6° D'un râteau de fer ;
7° D'une masse en fer ;
8° D'une pince en fer ;
9° D'un outil dit *tournée*, formant pioche d'un côté et pic de l'autre;
10° Enfin d'un cordeau de vingt mètres.

Les cantonniers-chefs doivent être pourvus, en outre, de trois nivelettes, d'une roulette ou ruban décamétrique et d'une canne graduée.

Article 15.

Outils et objets divers à fournir par l'Administration.

Il est remis à chaque cantonnier un anneau en fer de sept centimètres de diamètre, pour qu'il puisse reconnaître si le cassage de la pierre qu'il aura à employer est fait conformément aux prescriptions du devis.

Il reçoit, en outre, un guidon, ainsi qu'il est dit à l'article 5, et une boîte destinée à contenir le livret, le règlement et les feuilles de travail ou d'attachement.

Le cantonnier est responsable de la conservation de ces divers objets.

Les cantonniers-chefs reçoivent en outre, une gibecière destinée au transport des papiers.

Les outils et objets divers remis aux cantonniers et aux cantonniers-chefs seront inventoriés sur le livret, au tableau ouvert à cet effet, et qui devra être tenu constamment à jour par l'Agent-voyer ou le cantonnier-chef.

Article 16.

Fournitures d'outils aux cantonniers à titre d'avance.

Il peut être fourni, à titre d'avance, aux cantonniers qui n'auraient pas les moyens de se les procurer, les outils qui leur manqueraient. Le remboursement de la valeur de ces outils est assuré à l'Administration par des retenues successives, qui, sauf le cas de renvoi d'un cantonnier, ne peuvent excéder le sixième du salaire mensuel.

Article 17.

Entretien des outils.

Les cantonniers maintiennent constamment leurs outils dans un bon état d'entretien. S'ils se rendent coupables de négligence à cet égard, il y sera pourvu d'office par l'Administration, qui se remboursera de ses frais, comme il est dit à l'article 16.

Les outils ne doivent être portés à la réparation que dans les intervalles des heures de travail. Les excuses d'absence motivées sur la nécessité de remettre les outils en état ne sont point admises.

Article 18.

Livrets de cantonniers.

Chaque cantonnier est pourvu d'un livret conforme au modèle joint au présent règlement. Ce livret est destiné à recevoir les notes sur son travail et sa conduite, les ordres et instructions qui lui sont données et l'indication des tâches qui peuvent lui être assignées.

Le cantonnier doit avoir toujours ce livret à portée de son travail, de façon à pouvoir le représenter immédiatement aux agents chargés de la surveillance des chemins.

Article 19.

Moyens de constater les absences des cantonniers.

Tout cantonnier qu'un accident ou une circonstance imprévue met dans l'impossibilité de se rendre à son poste, doit faire prévenir immédiatement l'Agent-voyer cantonal.

Les absences, retards et négligences des cantonniers sont constatés par les Agents-voyers et les chefs-cantonniers dans l'étendue de leur brigade; il en est fait mention dans les livrets et dans les feuilles de tournée.

Article 20.

Congés lors des moissons.

Dans le temps des moissons et lorsque les chemins dont l'entretien leur est confié sont en bon état, les cantonniers peuvent obtenir des congés, dont la durée est fixée par l'Agent-voyer en chef, sur la proposition des Agents-voyers d'arrondissement. Ils ne reçoivent aucun traitement pendant la durée de ces congés, à l'expiration desquels ils doivent être exactement rendus à leur poste, sous peine de s'exposer à être immédiatement remplacés.

Article 21.

Remise du livret et des signes distinctifs lors de la cessation des fonctions.

Lorsqu'un cantonnier cesse ses fonctions, il fait à l'Agent-voyer la remise de son livret et des signes distinctifs qu'il aura portés, ainsi que des objets et outils qui auront été fournis par l'Administration. Il est opéré, sur ce qui lui reste dû, une retenue équivalente à la valeur de ceux de ces objets qui n'auraient pas été remis.

La date à laquelle le cantonnier cesse ses fonctions est inscrite immédiatement sur son livret par le cantonnier-chef.

Article 22.

Classement et salaire des cantonniers.

Les cantonniers des chemins de grande communication du département de la Seine-Inférieure sont divisés en trois classes égales en nombre, dont les salaires sont fixés par le Préfet, sur la proposition de l'Agent-voyer en chef.

Pendant la durée du stage prescrit par l'article 3, le salaire est celui de la dernière classe, diminué du montant des retenues versées mensuellement aux caisses de retraite ou à la Société de secours mutuels par les cantonniers commissionnés.

Les cantonniers-chefs sont divisés en deux classes égales en nombre, dont les salaires mensuels sont comme ceux des cantonniers ordinaires, fixés par le Préfet, sur la proposition de l'Agent-voyer en chef.

Le classement est arrêté chaque année par le Préfet, sur les propositions de l'Agent-voyer en chef et d'après les services des cantonniers dans le courant de l'année précédente.

Des indemnités de résidence peuvent être allouées par le Préfet, sur la proposition de l'Agent-voyer en chef, aux cantonniers placés dans les localités où la cherté des logements et des subsistances est exceptionnelle.

Les salaires des cantonniers communaux et le nombre de leurs mois d'emploi sont fixés par le Conseil municipal.

Article 23.

Indemnités de déplacement.

Les cantonniers qui, en exécution d'ordres donnés, sortiront de leur canton, pourront recevoir une indemnité qui sera fixée en raison de l'augmentation de dépense que ce déplacement leur aura occasionnée.

Il n'est point alloué d'indemnité de déplacement aux cantonniers-chefs, si ce n'est dans le cas où ils sortent de leur brigade. Dans ce cas

Le cantonnier-chef qui aura laissé impunie ou n'aura pas signalé une infraction constatée par lui, sera également passible d'une amende double de celle qui aurait dû être infligée au cantonnier.

Article 27.

Le présent règlement remplace celui du 12 octobre 1849, qui est abrogé.

Rouen, le 10 janvier 1895.

Le Préfet de la Seine-Inférieure,

E. HENDLÉ.

ANNEXE au Règlement
pour le service des Cantonniers.

TABLEAU DE LA JOURNÉE DE TRAVAIL DES CANTONNIERS

Dressé en exécution de l'article 9 du Règlement sur le service des Cantonniers.

INDICATION DES MOIS ET DES QUINZAINES		HEURES du commencement du travail	HEURES DES REPAS			HEURES de la fin du travail
Janvier...	1re quinzaine...	7h 30	»	12h à 1h	»	4h 30
	2e quinzaine..	7 30	»	12 à 1	»	5 »
Février...	1re quinzaine...	7 »	»	12 à 1	»	5 30
	2e quinzaine..	7 »	»	12 à 1	»	6 »
Mars.....	1re quinzaine...	6 30	»	12 à 1	»	6 30
	2e quinzaine..	6 »	8h 30 à 9h	12 à 1	4h à 4h30	7 »
Avril.........		5 30	8 30 à 9	12 à 1 30	4 à 4 30	7 »
Mai..........		5 30	8 30 à 9	12 à 2	4 à 4 30	7 »
Juin..........		5 30	8 30 à 9	12 à 2	4 à 4 30	7 »
Juillet........		5 30	8 30 à 9	12 à 2	4 à 4 30	7 »
Août..........		5 30	8 30 à 9	12 à 2	4 à 4 30	7 »
Septembre.....		5 30	8 30 à 9	12 à 1	4 à 4 30	7 »
Octobre..	1re quinzaine...	6 »	»	12 à 1	»	6 30
	2e quinzaine..	6 30	»	12 à 1	»	6 »
Novembre	1re quinzaine...	7 »	»	12 à 1	»	5 30
	2e quinzaine..	7 »	»	12 à 1	»	5 »
Décembre	1re quinzaine...	7 30	»	12 à 1	»	5 »
	2e quinzaine..	7 30	»	12 à 1	»	4 30

Rouen, le 15 janvier 1893.

L'Agent-Voyer en Chef,
GENEVRIÈRE

ingramcontent.com/pod-product-compliance
ing Source LLC
rsburg PA
70536050426
B00013B/3030